AF320685

AVIS.

En préparant cette seconde édition des premiers cahiers de cet ouvrage, épuisés bien avant que la collection entière des départemens soit terminée, nous fûmes d'abord séduits par l'idée de les retoucher, et de les faire cadrer encore davantage, s'il étoit possible, avec l'esprit que les circonstances ont amené par la succession des époques. Mais une réflexion plus sage, nous le croyons, nous a déterminés à les réimprimer tels qu'ils ont paru dans le principe.

Cet ouvrage, consacré plutôt au parallèle moral du régime ancien avec le nouvel ordre de choses, qu'à l'histoire du lustre actuel, ne peut pas se plier à l'oscillation des évènemens : ce seroit en altérer le caractère. La postérité doit y reconnoître, non pas les faits de la révolution, mais combien à chaque pas, à chaque jour, l'esprit public se consolidoit et acquéroit d'énergie; elle doit y reconnoître qu'il existoit des républicains avant même que la République fût enfantée. La constitution de 1789 et le trône subsistoient encore quand nous

A

l'avons entrepris. Il est donc utile à la postérité que nous le laissions tel qu'il fut primitivement conçu, puisqu'elle peut y saisir la marche de l'esprit humain : il est donc de notre gloire de le conserver dans son intégrité première, puisque le lecteur y verra que nous avions le courage de dire des vérités, quand les dangers environnoient les amis de la vérité républicaine.

Quand nous en avons présenté les trois premiers volumes à la Convention nationale, nous lui avons dit : « Le mérite de notre ou» vrage, c'est que le 10 août nous aurions » pu le lire sur les places publiques, etc. »

Nous détruirions la véracité de cette phrase, si nous ne l'offrions pas au public, tel qu'il parut sous les rois et sous une constitution monarchique.

PROSPECTUS.

VOYAGE
DANS LES DÉPARTEMENS
DE LA FRANCE,

Par une société d'artistes et gens de lettres ;

Enrichi de Tableaux Géographiques et d'Estampes.
1792. L'an 4ᵉ. de la Liberté.

L'aspect d'un peuple libre est fait pour l'univers.
J. la Vallée, *Centenaire de la liberté.* Acte I.

La France étoit autrefois le pays qui nous inté-ressoit le moins. On étoit fort curieux de connoître l'*Inde*, la *Chine*, le *Japon* ; mais peu de personnes se donnoient la peine d'étudier leur pays. Cette indifférence tenoit à la forme du gouvernement. Les Français, n'étant pas liés par un intérêt commun, ne participant en rien à la chose publique, n'avoient aucun motif de s'instruire de leur situation respective, pas même celui de curiosité ; car on ne brilloit pas beaucoup dans un cercle en parlant de la France.

Notre mémorable révolution, terminée par une constitution amie des hommes, nous a placés dans des circonstances absolument différentes ; tous les

Français sont devenus frères ; ils ont acquis les mêmes droits, les mêmes loix, une patrie commune : ils peuvent tous, en qualité de citoyens, prétendre à gérer la chose publique ; ils ont donc le plus grand intérêt à connoître les localités ; c'est même un besoin de cet esprit public, qui commence à se répandre parmi nous : et cette connoissance doit, à son tour, l'alimenter, l'entretenir, lui donner une plus grande extension.

Ajoutons qu'une France nouvelle est sortie, comme par enchantement, des débris de l'ancienne.

Les ouvrages qui pouvoient nous instruire autrefois, nous sont maintenant inutiles : ils nous parlent de généralités, de provinces, de villes capitales : et il n'y a plus ni généralités, ni provinces, ni villes capitales. S'ils nous disent quelque chose des mœurs des habitans, ces mœurs ne sont plus les mêmes ; les monumens publics ont été convertis en d'autres usages, ou n'existent plus ; la liberté en a créé d'un nouveau genre, et leur a donné le caractère qu'elle imprime à tout ce qu'elle fait.

La division de l'empire par départemens et par districts offre à l'observateur plus de détails à saisir : le fil des rapprochemens est moins sujet à se rompre, les nuances se fondent mieux. Et ce que l'ancienne distribution rendoit presqu'impossible, est aujourd'hui facile, par la manière dont toutes les parties sont enchaînées les unes aux autres.

D'après toutes ces considérations, nous avons cru faire une entreprise, tout-à-la-fois utile et agréable au public, en lui offrant en quelque sorte une galerie descriptive et pittoresque de la France et de ses habitans :

nous n'ignorons pas que , depuis la révolution , la cupidité s'est empressée à publier des cartes précoces de
la France , divisée en départemens ; on s'est même
avisé de faire des géographies nouvelles ; mais la plu-
part de ces ouvrages , plus ou moins fautifs , se sentent
de la précipitation avec laquelle ils ont été mis au
jour. On ne peut les regarder que comme des productions avortées, soit par elles-mêmes , soit à cause des
changemens arrivés depuis leur exécution. D'ailleurs,
notre ouvrage est absolument neuf , et n'a rien de
commun avec ceux que nous venons de désigner.

Nous l'avons différé par respect pour le public ,
jusqu'après l'établissement de la constitution, afin de
ne pas nous exposer à ne lui donner qu'un ouvrage
éphémère (1).

L'ouvrage sera de format grand *in-8o*. Nous nous flat-
tons que la beauté des gravures sur papier velin , ainsi
que celle des caractères tipographiques , ne laissera
rien à desirer dans cette partie de l'exécution.

Il sera distribué par cahiers , dont chacun contiendra un département ; il en paroîtra un tous les 15 jours,
à commencer au 1er. avril 1792.

Chaque cahier contiendra 24 à 32 pages de texte ,
suivant qu'il y aura plus ou moins de choses intéressantes à rapporter. Il sera orné , 1o. d'une carte du

---

(1) S'il survenoit encore quelques changémens dans les
districts et cantons, nous les tracerions aussi-tôt sur nos
cartes , et nous les fournirions aux personnes qui auroient
acquis notre ouvrage , pour les frais seulement , évalués
à 6 sols chacune.

département, lavée d'une manière formant tableau, accompagnée de notes géographiques et politiques. On y trouvera les cantons, les districts, les routes, avec les distances sommaires de Paris aux principales villes.

2º. Quand les habitans de la campagne des deux sexes varieront dans leur costume, d'un département à l'autre, nous les représenterons.

3º. De 3 ou 4 estampes représentant les monumens, ou les sites les plus remarquables de ce département ; en un mot, les grands effets de la nature ou de l'art.

On pourra se procurer les cahiers séparément, ou s'inscrire pour le tout. Chaque cahier coûtera 50 sols pour Paris, et 3 liv. pour les départemens, franc de port. Ceux qui s'inscriront pour la totalité auront les premières épreuves, et chaque 12ᵉ. cahier *gratis*, ainsi que les deux derniers.

Le premier cahier paroît actuellement chez Brion, dessinateur, rue de Vaugirard, Nº. 98, près le Théâtre François ; Buisson, libraire, rue Hautefeuille, Nº. 20 ; Desenne, libraire, galeries du Palais de l'Egalité, nº. 1 et 2, et au bureau de l'Imprimerie du Cercle Social, rue du Théâtre Français.

Outre la carte du département de Paris, avec son texte et 4 estampes, ce premier cahier contient, de plus que les autres, un apperçu et une carte générale de la France.

Le second cahier, contenant le département de Seine et Oise, paroîtra le 15 avril prochain.

On prie d'affranchir les lettres.

VOYAGE
DANS LES DÉPARTEMENS
DE LA FRANCE,
Par une Société d'Artistes
et gens de Lettres:
Enrichi,
de Tableaux Géographiques et d'Estampes.
1792.
L'an 4 de la Liberté.

VOYAGE

DANS LES DÉPARTEMENS

DE LA FRANCE,

PAR UNE SOCIÉTÉ D'ARTISTES

ET GENS DE LETTRES;

Enrichi de Tableaux Géographiques
et d'Estampes ;

SECONDE EDITION.

L'aspect d'un peuple libre est fait pour l'univers.
J. la Vallée. *Centenaire de la Liberté.* Acte Ier.

A PARIS,

Chez Brion, dessinateur, rue de Vaugirard, No. 98,
près le Théâtre-François.
Buisson, libraire, rue Hautefeuille, No. 20.
Desenne, libraire, galeries du Palais de l'Egalité,
Nos. 1 et 2.
L'Esclapart, libraire, rue du Roule, no. 11.
Et les Directeurs de l'Imprimerie du Cercle Social,
rue du Théâtre-François, No. 4.

1792.

L'AN QUATRIÈME DE LA LIBERTÉ.

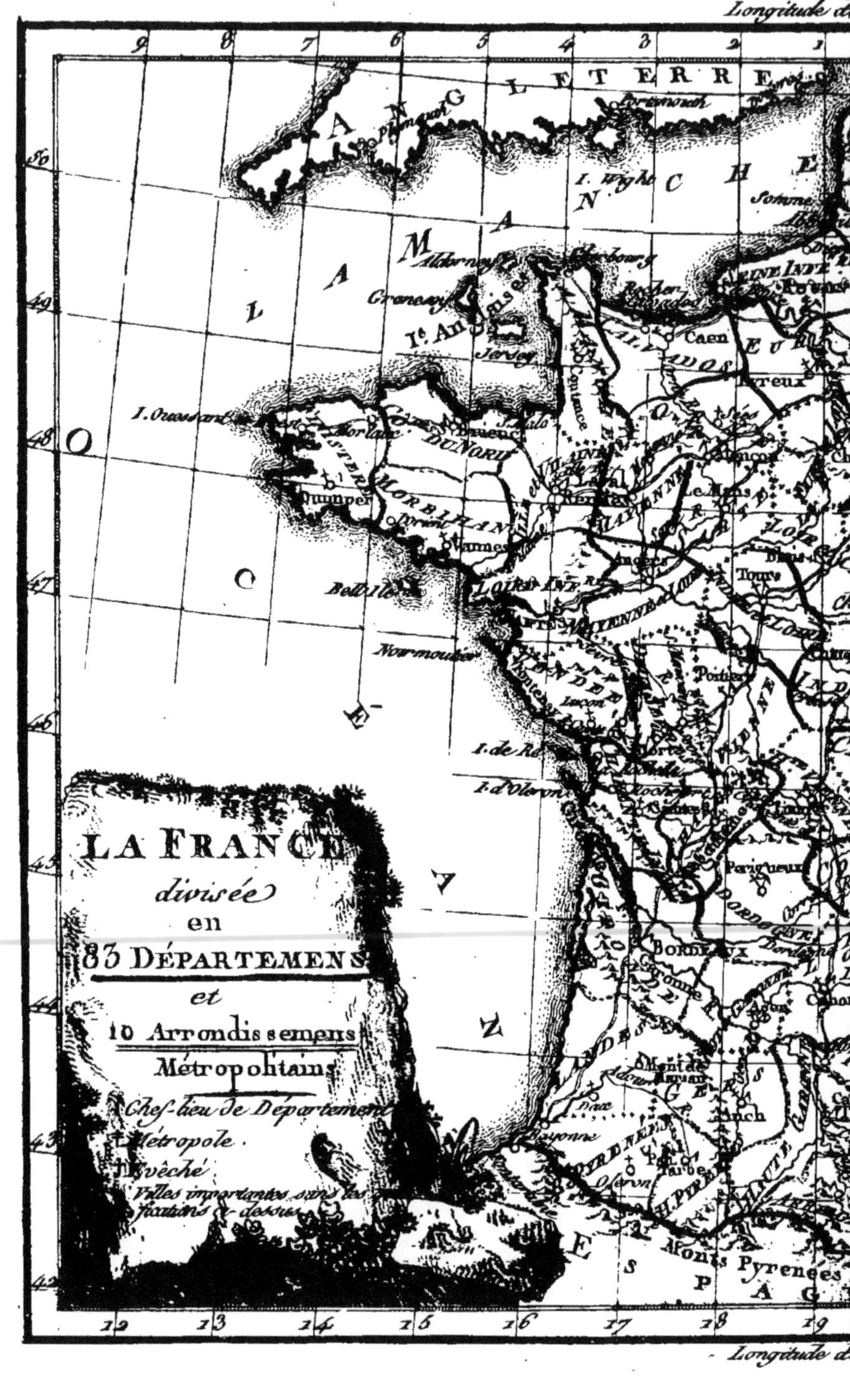

Longitude du
ANGLETERRE
LA MANCHE
Dartmouth
I. Wight
Alderney
Granville
I. Anguise
Jersey
Cherbourg
Coutance
St Malo
Caen
Evreux
I. Oressant
Morlaix
DU NORD
Quimper
MORBIHAN
Lorient
Vannes
Laval
Rennes
Le Mans
MAYENNE
Bel-Ille
LOIRE INF.RE
Tours
Normoutier
VENDÉE
Luçon
Poitiers
I. de Ré
Niort
I. d'Oleron
Périgueux
BORDEAUX
Garonne
Agen
Cahors
Mont de
Marsan
Dax
Auch
Bayonne
PYRENEES
Pau
Tarbes
Oleron
H. PYR.
Monts Pyrenées
ESPAGNE
LA FRANCE
divisée
en
83 DÉPARTEMENS
et
10 Arrondissemens
Métropolitains
Chef-lieu de Département
Métropole.
Evêché.
Villes importantes sans les
qualités ci-dessus
9 8 7 6 5 4 3 2 1
12 13 14 15 16 17 18 19
Longitude du

Remarques.

L'Étendue de la France (y compris le ci-devant Comtat Venaissin et la Corse) est de 27 mille 176 lieues quarrées, de 25 au degré.

Sa Population actuelle est d'environ 27 millions 300 mille habitans.

Ses 83 Départemens sont répartis en 23 Divisions militaires, 28 Divisions de la Gendarmerie nationale et 35 Conservations forestières.

Elle renferme autant d'Évêchés et de Tribunaux criminels que de Départemens, 546 Districts, chacun avec son Tribunal, 4696 Cantons, et 43260 Municipalités, sans compter encore les Cant⁵ et Municip⁵ du ci-devant Comtat Venaissin.

Le nombre des Députés à l'Ass⁶ Nationale est de 747.

Métropoles.

Nord-Est, ou Rheims.
Côtes de la Manche, ou Rouen.
Paris.
Nord-Ouest, ou Rennes.
Centrale, ou Bourges.
Est, ou Besançon.
Sud-Est, ou Lyon.
Sud-Ouest, ou Bordeaux.
Sud, ou Toulouse.
Côtes de la Méditerranée, ou Aix.

Bassins principaux,

formés par les chaînes de Montagnes.

Rhin, Moselle, Meuse, Escaut, Somme, Seine, Vilaine, Loire, Charente, Garonne, Adour, Rhône, et Saône.

APPERÇU DE LA FRANCE.

AVANT de parcourir les quatre-vingt-trois départemens de la France, jettons un coup d'œil rapide sur cet empire, sinon le plus vaste, du moins le plus florissant de l'Europe. Favorisé de la nature, autant par le climat que par les limites qu'elle a semblé lui poser elle-même, nul ne mérite mieux l'attention du philosophe, du voyageur, du commerçant de toutes les nations. Sa température convient à tous les hommes; ses richesses à tous les spéculateurs; ses sites, ses monumens, ses usages, à tous les observateurs (1).

On sent d'ailleurs que sa nouvelle division exigera désormais une géographie entière, et que le cadre d'un apperçu sommaire seroit même trop étroit pour contenir la simple nomenclature des qualifications, que ses diverses parties ont reçues de la Constitution.

Si l'on en juge sans prévention, on conviendra que la France peut non-seulement se suffire à elle-même, mais encore attirer dans son sein les tributs des deux Hémisphères. Elle renferme toutes les productions indigènes à l'Europe. On classera l'énumération des plus rares et des plus intéressantes à l'article des départemens, auxquels elles appartiennent. Elles sont, au reste, si

(1) Pour éviter la vicieuse routine de décrire ce que les cartes enseignent beaucoup mieux que tous les textes du monde, nous ne parlerons ici ni des fleuves, ni des rivières, ni des montagnes, etc. que renferme la France.

abondantes , qu'après avoir pourvu à la consommation il en reflue encore chez l'étranger une quantité prodigieuse. De ce nombre sont ses bleds , ses vins , ses eaux-de-vie , ses sels , dont elle ne reçoit en échange que des choses de moindre utilité , si l'on en excepte l'or et l'argent, dont son propre sol est plus avare, et dont l'abondance peut-être a plus introduit de crimes dans ses champs , que de splendeur dans ses cités.

Mais l'une des richesses les plus précieuses de la France , qu'elle ne doit ni à son climat, ni à son territoire, c'est le caractère de la nation qu'elle renferme. Le génie , l'esprit, l'activité , le courage, la patience, l'adresse , la sagacité , rendent le Français propre à tous les genres d'industrie. Il est de toutes les nations, quand il imite : il est Français, quand il invente. Laborieux , intelligent , actif dans le commerce , peu de peuples l'ont laissé derrière eux, dans les découvertes lointaines ; opiniâtre , infatigable , et tout ensemble observateur et créateur dans l'agriculture , le terrein le plus aride semble se soumettre à ses loix , et tromper celles de la nature ; magnifique dans ses conceptions, vaste dans ses idées , éclairé par le goût, sa force et sa grandeur se gravent sur ses monumens ; valeureux , bouillant , intrépide , il semble né pour la guerre , quand son aménité paroît ne l'avoir fait naître que pour la paix ; bon , généreux , sensible, humain , hospitalier , ses vertus tiennent à son cœur , et ses vices , quand il en a , à ses usages.

Une antique et mauvaise constitution avoit enraciné ces derniers ; un meilleur ordre de choses donnera plus de vigueur aux premières; peut-être le délivrera-t-il de cette légéreté, dont les étrangers, avec raison, lui font le reproche : peut-être apprendra-t-il à retenir dans son cœur le sentiment qu'il vous témoigne, et à ne pas le laisser échapper sur les pas de la personne qu'il caresse : peut-être enfin, se dégagera-t-il du peu de préjugés qui lui restent ; et le peuple le plus doux de la terre cessera-t-il d'en être le plus atroce, par le genre meurtrier de ses vengeances individuelles.

La division actuelle de la France peut paroître, aux yeux exercés des Géographes, aussi défectueuse que l'ancienne. Peut-être auroit-il fallu dans ce travail consulter davantage les gens de l'art. On y reconnoîtroit moins alors les résultats de l'esprit de parti, qui, dans les grandes assemblées, n'étouffe que trop souvent la voix de la raison ; ou les effets de l'ignorance des toiseurs politiques, qui lestement enjambent les barrières qu'opposa la nature, et semblent oublier la nécessité des communications. Quoi qu'il en soit, les cartes dressées sur cette division moderne enseignent beaucoup mieux les détails locaux, que ne pourroit le faire un texte quelconque. Observons seulement que la population de la France, estimée dans tous les écrits périodiques à vingt-cinq millions d'habitans, est aujourd'hui portée, d'après de nouveaux documens, à environ vingt-sept millions deux cent mille, non compris les émigrations : objet que les étrangers compenseront tout au moins, en accourant se ranger sous l'étendard de la liberté.

Ces mêmes papiers présentent également entr'eux trop de contradictions dans leurs calculs, soit sur la quotité des contributions de chaque département,

soit relativement au nombre de leurs citoyens actifs,
ou de leurs gardes nationaux, pour nous y arrêter.
D'ailleurs, d'après les décrets même, on ne doit pas
douter que ces calculs ne varient annuellement, sur-
tout en ce qui concerne les impositions. Ce n'est que
de l'affermissement de la révolution que l'on doit
attendre, à cet égard, des notions certaines. Une
observation consolante, c'est que dans cette immense
population il se trouve au moins trois millions d'in-
dividus de différens cultes, que les catholiques d'aujourd'hui regardent avec des yeux de frères.

Malgré les nombreux avantages dont le Français
étoit doué, il fut long-tems peu aimé des étrangers.
Peuple conquérant à sa naissance, il retint de ses
fondateurs cette ironie, commune aux vainqueurs.
Les premiers de la Gaule, pour ainsi dire, échappés
au joug des Romains, les Français contractèrent
cet air de supériorité, que donne la gloire d'avoir
brisé des fers, que le reste du monde portoit encore. La jalousie des nations circonvoisines dut
s'éveiller à l'aspect du berceau des Français ; tout à-
la-fois, libres, victorieux et législateurs, leur pré-
pondérance semble naître avec leur nom. Insensiblement plus formidables, l'empire d'Occident n'est plus,
et c'est du trône de la France que renaît l'empire
d'Occident. Jaloux jusques dans les égaremens de
l'esprit, jusques dans les folies de la superstition,
d'être l'exemple de l'Europe, la Terre-Sainte ouvre-
t-elle ses ports pour engloutir un quart de la terre ?
Ils volent les premiers s'abîmer dans ce gouffre, où
les générations disparoissent à la voix de l'imbécillité.

Le malheur s'étend-il sur la dynastie des Valois ? La France n'est-elle plus qu'une ombre d'elle-même ? Son orgueil change d'objet, et c'est à la cour de Léon X qu'elle vole ravir le sceptre des arts, pour remplacer le sceptre de l'Europe, qui lui échappe. Le fanatisme siffle - t - il sur les champs fortunés de la France ? Est-ce l'aveugle amour des rois, qui s'empare de l'esprit des Français ? Jamais peuple ne l'égale dans ses fureurs, jamais peuple n'est son maître dans l'art de l'adulation. Depuis quatorze cents ans, primauté de conquêtes, primauté de folies, primauté de superstitions, primauté d'ignorance ; primauté de fanatisme, primauté d'esclavage ; tel est le tableau de la France, et l'excuse de la haine des autres peuples. Il étoit juste enfin qu'à tant d'odieuses prééminences succédât la primauté de philosophie et de lumières : et que le jour de la liberté réconciliât les Français avec ceux même qui n'avoient pu les égaler dans leurs défauts.

Peut-être, dans ce grand ouvrage de la régénération d'un grand peuple, eût-il été possible de lui fondre une constitution, dont l'or eût été plus pur ! Peut-être le philosophe auroit-il souhaité que la matière fût plus riche que le creuset ! Peut-être enfin, l'ami de la nature voudroit-il retrouver plus d'analogie entre le livre des destins de la France et celui des descendans de *Penn !* Mais par une sévérité desséchante ne réduisons point à de simples filets les sources nombreuses de bonheur qui commencent à jaillir du nouvel édifice des loix : mettons la raison à la place de la censure : voyons dans les forêts américaines un

peuple, pour ainsi dire, au premier jour de la création ; voyons sur les rives de la Seine un peuple immense, fatigué de la longueur des âges : calculons
le peu de vices des murs de Philadelphie, pesons
l'immensité de ceux qui pullulent sur notre terre :
et avouons que des loix égales ne pouvoient leur
convenir. Réfléchissons que l'un et l'autre peuple
marchent en sens inverse, que les Français regra-
vissent la nature, et que les Américains descendent
avec elle.

Heures du matin, devant nous (noms,

DÉPARTEMENT
DE PARIS
(ci-devant partie de l'Ile de France)
DIVISÉ
en 3 Districts et 16 Cantons,
comprenant
III Municipalités.

Chefs-lieux de Districts.
Cantons.

Longitude Occiden...

10
5
No...

Rte de Rouen
par Pontoise

Argenteuil
Villene... la Garen...
Genevillie...
Colombes
Garenne de Colombes
An...
Clichy
Garen...
SEINE...
Villiers
St Geneviève
Courbevoye
Neuilly
le Moncea...
Nanterre
Pideaux
Rte de S. Germain
Mont Valérien
Rte d'Florence et de Rouen
par S. Germain
Como...
S. Cloud
Ch. de
Versailles
Longchamp
Billancourt
Château
Pt...
Rte de Versailles
Rambouillet
et Chartres
Vanves
Rte de Versailles
Clamart
sous
Châtillon...
Chemin
de Versailles
Plessis
Bourg l...
Sceaux
Chatenay
Antony
Ch. de Chartres

Orient
55
48° Deg
50 m
45

10
5
50
65

Remarque.

Ce Département, enclavé dans celui
de la Seine et de l'Oise, et de la Métropole de Paris, de la 17e Division
Militaire et de la 1re de la Gendarmerie
Nationale.

Son Etendue est de 24 lieues
quarrées.

Sa Population de 800 milles habitans,
dont 700 mille pour Paris seul.
Cette capitale est divisée en 6
Tribunaux (dont l'étendue est
marquée dans son plan) outre le
Tribunal de Cassation; en 48 Sections
et 33 Paroisses, et il envoye 24
députés a l'Assemblée Nationale.

g.e Orientale de Paris.

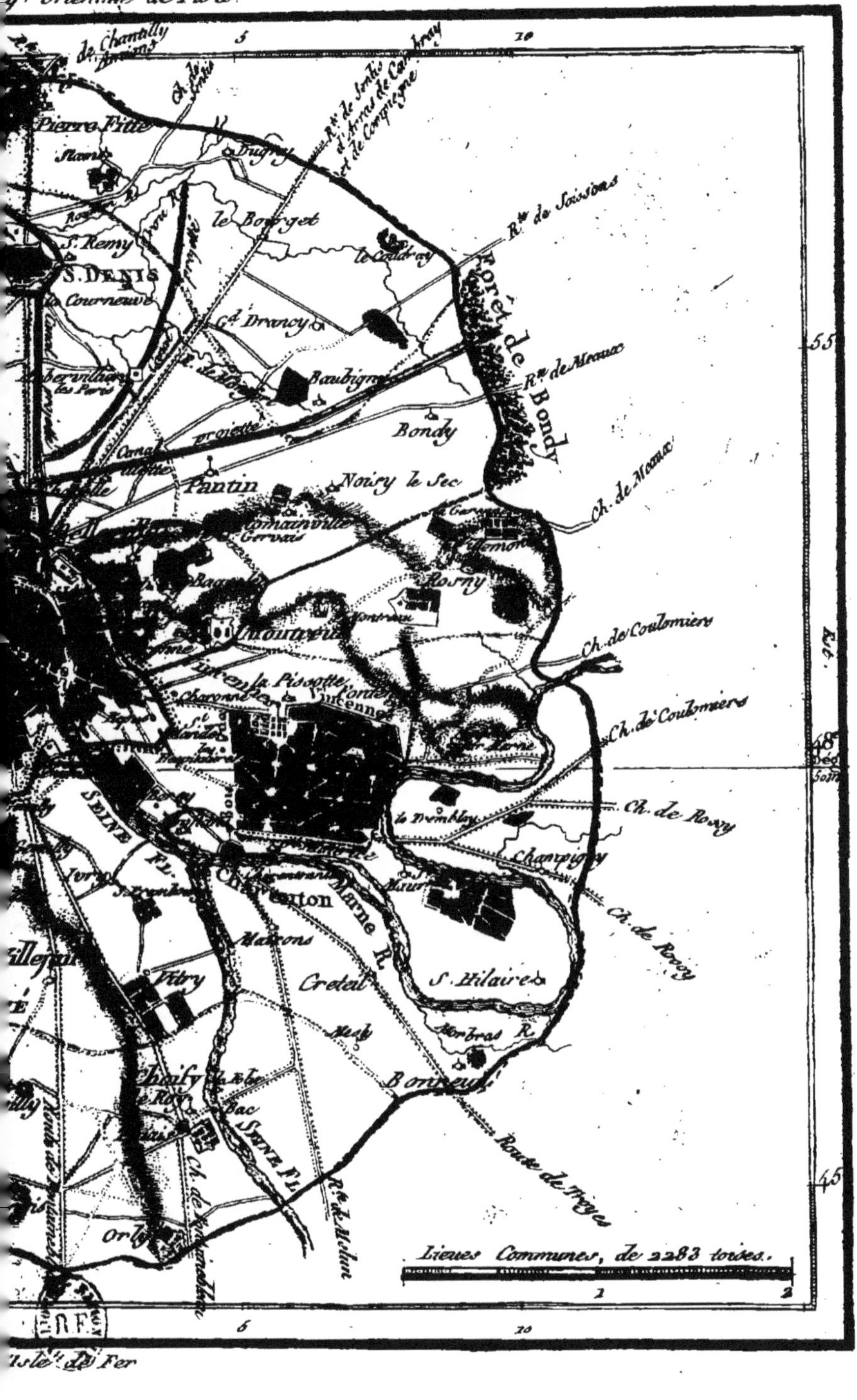

de Chantilly

Pierre-Fitte
Stains
le Bourget
le Coudray
R.te de Soissons
Rte de Sortie d'Arras de Coudray et de Compiègne

S.t Remy
S. Denis
la Courneuve
Aubervilliers les Vertus
G.d Drancy
Baubigny
Bondy
Forêt de Bondy
R.te de Meaux
Ch. de Meaux
Canal projetté
Pantin
Noisy le Sec
Romainville Gervais
Rosny
Ch. de Coulomiers
Montreuil
la Pisotte
Charonne
Forêt de Vincennes
Ch. de Coulomiers
Montreau

SEINE FL.

le Tremblay
Ch. de Rosny
Champigny
Charenton
Notre Dame R.
Maisons
S.t Maur
Ch. de Rosny

Villejuif
Vitry
Créteil
S.t Hilaires
Morbras R.
Bonneuil
Choisy le Roi
Bac
Route de Troyes
Orly
R. de Melun

Lieues Communes, de 2283 toises.

R.N.F.
Isle d.e Fer

5   10   55   Est   48 Deg.   45   6   10   1   2

VOYAGE

DANS LES DÉPARTEMENS

DE LA FRANCE,

PAR UNE SOCIÉTÉ D'ARTISTES

ET GENS DE LETTRES.

DÉPARTEMENT DE PARIS.

Vous attendez sans doute avec impatience, Monsieur, les premiers détails d'un voyage, dont vous avez conçu le projet. En nous engageant à l'entreprendre, vous nous montriez, pour récompense des fatigues qu'il entraîne, l'utilité dont nous pouvions être à la patrie, en promenant un œil observateur sur les arts, les mœurs, les ressources, les richesses des nombreux habitans de la France; en falloit-il davantage pour nous animer, et faire disparoître les difficultés qui s'offroient d'abord à notre esprit? Sans balancer, nous l'avons donc entrepris; et notre courage est soutenu, moins par un fol espoir en nos talens, que par l'honorable desir de payer à nos concitoyens la dette de l'emploi de nos jours.

En vous quittant, nou snous sommes rendus à Paris, et c'est de ce point de réunion que nous allons partir pour fournir notre carrière.

La situation topographique du département de Paris est trop bien établie par la carte qui est jointe à ma lettre, pour vous en parler ici. Consultez-le : vous aurez une idée juste de l'étendue et de la situation géographique de ce département, le seul dans toute la France qui ait reçu son nom de l'une des villes qu'il renferme.

Paris, chef-lieu de ce département, est vraiment la reine des cités. On y desireroit cependant plus de majesté dans l'ensemble, plus de liaison entre les monumens publics, plus de largeur aux rues, plus d'uniformité dans les édifices; et l'un des grands défauts de cette ville est que trop de choses y parlent à l'orgueil, et pas assez à la (1) sensibilité. Quoi qu'il en soit de la vérité de ces reproches, l'imagination de l'homme instruit, quand il parcourt cette superbe ville, semble doubler son existence. On croit vivre au milieu des temples d'Athènes, on croit errer sous les portiques de Rome antique, quand on ne parcourt en effet que les chefs-d'œuvre des Perrault, des Mansard, des Soufflot, etc.

Au milieu de ces asyles du luxe, dont le faste ne rappelle que trop à l'esprit l'oisiveté des grands et les déprédations des rois, plane le génie de la liberté, dont la présence imprime aujourd'hui la majesté du Peuple Français sur les monumens, que la flatterie n'éleva que pour perpétuer la mémoire de ses oppresseurs. Le philosophe éprouve une jouissance secrette,

quand

quand il contemple le volcan de la révolution à la
place même, où Richelieu jadis se bâtit un palais (2).
Il aime à penser que la première volonté du peuple
s'est fait entendre aux mêmes lieux, où siégeoit la
corruption du régent. La liberté a transformé Paris en
un séjour nouveau : le protestant et le catholique
s'embrassent aujourd'hui sur le seuil de la maison, où
Coligny fut poignardé. Et les disciples de Calvin
invoquent l'Eternel (3) à leur manière, à quatre pas
du balcon d'où Charles IX arquebusoit ses sujets.

Graces au caractère aimable des Français, la liberté,
en leur communiquant toute son énergie, n'a point
altéré l'aménité de leurs manières. Cette rudesse, or-
dinaire au peuple Anglais, ne désigne point ici la
souveraineté du peuple. L'artisan, le fort de la halle,
l'ouvrier, ne sont point polis, ils sont affables : ils
savent enfin qu'ils sont hommes ; ils connoissent la
dignité de ce nom : et cette connoissance ne les rend
que meilleurs. Cependant ne vous flattez pas de
trouver encore parmi eux la simplicité des mœurs de
quelques cantons Suisses, ni cette espèce de candeur,
attribut des peuples invétérés dans la liberté. Ce sera
l'ouvrage du tems. Le peuple, accoutumé jadis à se
consoler du mépris des grands, en dépensant aux
tavernes et aux guinguettes le modique prix qu'il
mettoit à ses sueurs, n'a pu perdre encore tout-à-
fait cette habitude vicieuse, qu'il prenoit pour des délassemens. Mais insensiblement, en remontant vers
la nature par les échelons de la constitution, il se
rapprochera des plaisirs qu'elle enseigne. Petit à petit,
les bancs des Courtilles deviendront déserts, et les

banquets de famille se meubleront : le jour du repos ne séparera plus l'époux de la femme , le père des enfans : le bénéfice de la semaine n'ira plus s'abîmer dans le comptoir d'un fabricateur de vin pestilentiel (4) ; dans chaque foyer la place de l'ami sera marquée ; et les chants domestiques succéderont à cette joie désordonnée, dont usoit le peuple pour s'étourdir sur l'esclavage. Heureux jours , réservés à nos enfans , dont la génération présente ne verra que l'aurore ! Car le peuple Français , neuf encore pour la liberté, est maintenant comme les flots des mers , qui roulent long-tems après que l'orage a cessé ; et dont l'agitation est nécessaire , pour déposer sur le rivage l'écume dont ils sont couverts.

Cette simplicité future s'annonce déjà dans le costume , dont la planche ci-jointe vous donnera une idée. Les étoffes de prix ont disparu ; et, malgré la fatigue des *merveilleux* à retenir le luxe fugitif, ils ne peuvent s'entourer que d'une élégance ridicule , il est vrai , immodeste même souvent , mais toutefois moins dispendieuse. Vous concevez bien que je ne vous parle point ici du costume du peuple , moins soumis à la variété; mais de celui des enfans, peu nombreux ici, de ces pères jadis chamarrés d'or et de pourpre. Les femmes aujourd'hui consultent également davantage les graces que la somptuosité : et la liberté ayant ramené l'attention sur la noblesse des formes antiques, nos dames , la tête exceptée , ressemblent aux statues grecques. Je dis avec raison , la tête exceptée ; car rien ne nuit plus au développement de la figure que ces chapeaux ridicules, dont elles affublent

Habitans du Département de Paris.

leurs cheveux, ce précieux ornement dont la nature se plut à couronner le front de la beauté.

Je ne vous parlerai point de la police, qui exige encore quelques années pour avoir pris une marche constante, malgré les soins que les nouveaux magistrats y donnent. Si les rouages n'en sont pas encore entièrement en mouvement, au moins est-elle dépouillée de cette foule d'espions, dont l'odieuse présence faisoit de Paris une seconde Venise. La confusion, inséparable d'un nouvel ordre de choses, a nécessairement fait refluer dans Paris une immensité de gens sans aveu, et loin de s'étonner de quelques crimes qui s'y sont commis, on doit s'étonner au contraire qu'ils ne soient pas plus fréquens (5), et c'est le plus bel éloge que l'on puisse faire des magistrats du peuple, et de la vigilance de la force publique. Et, disons-le à la gloire de la Nation Françoise, à la chûte des Tarquins, il se commit plus de crimes parmi la poignée de Romains qui fondèrent leur liberté sur les bords du Tibre, que les fastes de la France n'en fournissent depuis quatre ans de révolution.

Mais si, dans ces jours de désordres inévitables, l'on a peu de chose à craindre des malfaiteurs, il n'en est pas de même des dangers où le perpétuel encombrement des voitures expose le citoyen qui va à pied. Les rues sans trottoirs, communément boueuses, conséquemment glissantes, où la foule se presse et se heurte sans cesse, mettent à chaque minute le piéton au risque d'être renversé. Le char bruyant de la courtisanne est subitement remplacé par le wiski léger du petit-maître. Les uns et les autres se glissent, percent, courent, et se démêlent à travers l'énorme pesanteur des voitures de commerce et d'utilité publique. L'oreille est étourdie par le fracas, l'œil trompé par la rapidité de leur course. L'attention est nulle, et l'on croit (6) échapper à la mort au moment même où l'on y court. Ce qui faisoit dire plaisamment à un Anglais, que l'homme qui, pendant vingt ans, a couru sans accidens les rues de Paris, méritoit bien la croix de S. Louis; et ce qui ajoute un trait de plus à la bonté du caractère du peuple, dont je vous parlois tout-à-l'heure, c'est que ce peuple, à qui ces voitures rappellent à chaque minute l'image de ses anciens oppresseurs, qui sait que la majeure partie renferme des êtres dont les préjugés ne lui sont pas favorables, souffre avec une patience admirable leur circulation, qui met, pour ainsi dire, à pair ou non, la vie de tout le monde pédestre.

Quelques-unes de ces rues de Paris, dont vous n'attendez pas sans doute que je vous fasse la nomenclature générale, ont pris des noms chers à l'humanité, comme aux sciences. On lit avec plaisir le nom de J. J. Rousseau, ceux de Voltaire et de Mirabeau, à la place des noms insignifians des rues Plâtrière, Chaussée-d'Antin, quai des Théatins; plaise au ciel que le souvenir de ces grands hommes achève de guérir le peuple des idées superstitieuses, dont on gangréna son esprit pendant tant de siècles! Vous jugerez mieux par un exemple du degré d'ineptie, où l'astuce sacerdotale l'avoit réduit, dans les siècles d'ignorance, que par tout ce que l'on en pourroit dire : on voit sur le portail de Notre-Dame un bas-relief, qui représente S. Michel, pesant des ames dans une balance, et le diable, malignement caché dessous, cherchant à lui en filouter quelques-unes. Voilà quant à la crainte du diable : voici quant au respect qu'exigeoient les prêtres. C'est un tombeau placé dans l'église de Sainte-Geneviève, où l'on voit un cardinal, dont un ange porte la queue. Il est vrai que le page chérubin ne porte pas de livrée.

On a cru d'abord que l'absence de ces prélats, jadis si fiers, des ci-devant grands seigneurs, des membres du parlement, des moines, des laïcs célèbres et des laquais se feroit sentir, et que la population de Paris en sembleroit affoiblie. Jusqu'à présent l'expérience a prouvé le contraire. C'est une goutte d'eau de moins dans une pluie d'orage. Jamais Paris n'a paru plus vivant : jamais les voitures n'ont été plus nombreuses : les spectacles sont quadruplés, et les spectacles sont pleins : les promenades sont peuplées : les églises ont leurs habitués, ainsi que les cafés : enfin, à cela près de quelques hôtels du faubourg S. Germain et du Marais, tristement ensevelis sous leurs ridicules portes cochères, tout est vivant, tout est rempli ; et si l'on veut être juste, on conviendra que le commerce en général n'a rien perdu de son activité.

Cette vérité de fait contrarie vivement nombre de gens intéressés à crier que tout va mal, et qui, mécontens de la révolution, prophétisent depuis long-tems, pour allarmer le peuple Parisien, que Paris ne sera plus qu'un vaste désert. Mais on peut dire, avec un homme d'esprit, que le Tableau de

Paris (7) de M. Mercier est le seul bon ouvrage que la révolution ait gâté.

Mais je veux croire que la population de Paris décroisse un peu par la suite. Paris, sous l'ancien régime, étoit, à l'égard du reste du royaume, ce que la Chine croit être à l'égard des autres nations de l'univers, qu'elle a la modestie de prendre pour ses faubourgs. Si Paris eût continué à s'aggrandir, la France fût devenue comme un homme attaqué de l'hydrocéphale (8), dont la tête grossit à mesure que ses membres se dessèchent. Quel mal y aura-t-il, quand Paris se balancera plus également avec les autres départemens? Par-tout où l'ambition trouve de l'aliment, l'homme se fixe; et Paris n'étant plus réservé à être le grand et l'unique magasin des honneurs et des emplois, il est à présumer que moins de gens se porteront dans ses murs. Il est intéressant d'attacher l'homme au sol qui l'a vu naître. Tous les législateurs ont senti cette vérité, les nôtres l'ont mise en pratique, en ouvrant à l'homme, dans son propre canton, une carrière aux emplois, qui lui seroit ailleurs fermée, au moins pendant un laps de tems. En cela ils ont mis à profit la connoissance du cœur humain. La population du reste de la France croissant donc en proportion du décroissement de celle de Paris, cette grande ville s'en trouvera mieux, parce que ses ressources à l'extérieur croîtront en raison de l'augmentation de la population de l'empire : que par là elle se trouvera plus en équilibre avec les autres départemens : et que cet équilibre est beaucoup plus important qu'on ne se l'imagine, à la splendeur des grandes cités.

D'ailleurs, à le bien prendre, cette dépopulation n'est que chimérique, ou du moins que momentanée. La majéure partie de ceux que l'humeur, ou les préjugés, ou l'opinion en ont éloignés, tôt ou tard y reviendra spontanément. Par-tout où réside une cour riche de vingt-cinq millions de liste civile, doit-on douter qu'il ne se fonde une colonie de courtisans ? Jadis la cour dévoroit le royaume, désormais une parcelle du royaume dévorera la cour, et répandra dans Paris ce qu'elle écornera de la royale pension. C'est un mal moral que ce séjour des courtisans. Mais ce n'en est pas moins une vérité, qu'où se trouvent des Rois, il se trouve des flatteurs : et quand on spécule sur la formation des sociétés, on est malheureusement forcé de faire entrer en ligne de compte les vices des hommes.

Le concours des étrangers deviendra plus grand aussi par la suite. La révolution n'a perdu ni les arts ni les lettres, elle n'a fait que les suspendre. Que les jours de la paix renaissent, que les idées politiques soient fixées, que les principes en aient été totalement développés, que l'avenir enfin s'avance sans être précédé par l'inquiétude, les esprits reprendront d'eux-mêmes le goût des arts et des connoissances. Les arts, les lettres, les sciences reparoîtront avec plus de splendeur : car la liberté est aussi le flambeau des artistes et des lettrés. Et plus le foyer des lumières sera resplendissant, plus de nations étrangères viendront s'échauffer à ses rayons. Joignez à cela le bruit de nos plaisirs, de nos jeux, de nos fêtes nationales, de nos spectacles même, qui vont solliciter au loin la curiosité de l'étranger : réfléchissons encore que nous sommes un peuple nouveau , levé tout à-coup sur la face du monde ; que le 14 juillet fut un jour de création pour vingt-sept millions d'hommes ; que l'univers connoît la France, et que nul peuple encore n'a vu des Français ; et convenons, d'après cela , que pendant cinquante ans peut-être on viendra des bouts du monde nous admirer. Une Reine, dit-on, vint du midi contempler la sagesse de Salomon , qui mourut au milieu de sept cents concubines ; pourquoi des peuples entiers ne viendroient-ils pas admirer la sagesse d'un peuple souverain , qui n'a pour amante que la liberté ?

Vous ne sauriez croire , Monsieur, combien la destruction de la Bastille ajoute à l'espoir de l'affluence des étrangers à Paris. La terreur du nom de ce ténébreux théâtre des crimes du Tigellin (9) de la France avoit depuis long-tems franchi nos frontières ; et l'idée de la Bastille enchaîna plus d'un Anglais aux rivages de Douvres.

Visiter la place où pesoient ses murailles, tel a été le début de notre voyage. Jadis les voyageurs entendoient une messe du S. Esprit avant leur départ : nous avons cru d'un aussi bon augure d'aller chanter une hymne à la liberté sur les débris du despotisme. Rien n'existe plus de ce château , qu'un Roi surnommé le Sage (10) fit bâtir, et qu'un peuple plus sage a renversé. Il avoit fallu douze ans pour le construire, il n'a fallu que douze quarts-d'heure pour l'abattre ; cela prouve au moins que quand le peuple veut, il veut mieux que les Rois.

Rendons cependant justice à Charles V. En faisant construire cet édifice, il ne le destinoit pas à devenir un jour le vaste cercueil de tant de Français. Mais il est rare que les fondations des Rois n'apportent en naissant un virus de tyrannie, qui se développe par la suite avec plus ou moins de fureur.

Ce roi sage engendra un (11) fils fou, le fou engendra un fils (12) conquérant. Cette chronologie de qualités n'est pas un miracle dans les dynasties royales ; mais ce qui vous surprendra moins, c'est que le conquérant fut le premier embastilleur.

Ce qui n'est pas non plus indigne de remarque, c'est que ce fameux château a soutenu plusieurs siéges contre des armées stipendiées, et ne s'est rendu que par capitulation, et qu'il n'a fallu qu'une poignée d'hommes libres pour le prendre d'assaut en moins de quatre heures. On pourroit en tirer, ce me semble, cette conséquence, que le génie de la liberté peut au besoin tenir lieu de discipline militaire.

Vous avez lu trop de détails sur le régime de la Bastille, pour vous les retracer ici (13). Nous ne vous parlerons ni des victimes de Louis XI, ni des crimes cachés de Richelieu et de Mazarin, ni des forfaits plus modernes des Phélippeaux et des Breteuil. La Bastille n'est plus, c'est dire qu'elle fut ; et d'après ce mot, l'imagination peut concevoir toutes les atrocités possibles, et l'imagination restera toujours au-dessous de la vérité. Nous ignorons à quoi l'on destine ce terrein : à quelque place sans doute. Plusieurs modèles ont été exposés l'année dernière au sallon, tous étoient vastes, nobles, et bien conçus : mais lequel aura la préférence ? C'est ce qui n'est pas encore arrêté.

En quittant le sol de la Bastille, nous prolongeâmes notre course jusqu'aux murs de Paris, monument d'un despotisme d'un autre genre. Conçus par l'avarice fiscale, ils en ont toute la *mesquinité* : ce ne sont point les murailles de Thèbes, nées de la lyre d'Amphion, ce sont de maigres petits murs de jardin, enfantés par le barême de Plutus. Il n'en est pas ainsi des édifices qui les coupent d'espace en espace, et que l'on nommoit barrières. Variés dans leur dessin, ils figurent ou des colonnes, ou des temples, ou des rotondes, etc. Tous ne sont pas également d'un bon style : mais dans la perspective ils contractent un certain air Babylonien, ils répandent une sorte de magie dans le paysage, qui rit à l'imagination du peintre, et semble écrire sur les portes de Paris : *c'est ici Palmyre* (*). Cependant croirez-vous, Monsieur, que ces édifices, à qui l'architecture prête une forme, tantôt riante, tantôt auguste, tantôt romantique, couvroient des cachots destinés dans leur origine aux malheureux contrebandiers? Il semble que les fées ont présidé à la construction de ces asyles des larmes et du désespoir. Image parlante de l'ancien régime, où le malheur étoit vérité, et le bonheur enchantement! Ces barrières, depuis la révolution, portent quelques stigmates de la vengeance du peuple; elles sont abandonnées, désertés ; et présentent pour

____

(*) Ville d'Asie que l'Empereur Aurélien saccagea, et dont la fastueuse Zénobie fut la dernière Reine.

la première fois à l'homme le spectacle de la jeunesse des monumens , entourée du silence des ruines.

Ceux-ci ne sont pas les seuls dont le peuple ait cru devoir faire justice. Il ne vengeoit que sa cause en mutilant les barrières publicaines ; il a satisfait à l'Europe , en dépouillant la place Victoire des emblêmes de la flatterie. Vous ne trouverez plus aux pieds de l'effigie de Louis XIV les esclaves enchaînés. Ces esclaves figuroient-ils des nations ou des vices ? Ce problême n'est pas résolu , mais dans l'une ou l'autre hypothèse l'allégorie seroit fausse. Ce roi enchaîna bien des gens , mais non des nations , mais non des vices. Les nations, liguées contre lui, enchaînèrent plutôt à la longue son insatiable envie de donner des loix au monde , qu'il ne parvint lui-même à les enchaîner. Il en est de même des vices : ils le traînèrent plutôt à leur char, qu'il ne les dompta ; et l'homme, dont la jeunesse embrâsa l'Europe , dont la maturité chassa les protestans , dont la vieillesse fut le jouet des prêtres ambitieux , ne fut pas , à coup sûr, le triomphateur des vices. Ces vices étoient donc aussi ridicules à ses pieds que les vertus le sont aux pieds de la statue de Louis XV. Du moins est-on tenté de pardonner à celles-ci. Leur air gauche et niais décèle l'étonnement où elles sont de s'y trouver. L'homme, dans tous les tems , se venge par des traits malins de la platitude de ces apothéoses de commande. Quand on éleva sur son piédestal cette statue colossale de Louis XV , le travail finit trop tard pour retirer les grues, placées aux quatre angles, dont on s'étoit servi. Elles y passèrent la nuit. Le lendemain on trouva écrit, en grosses lettres, au pied de la statue : *le roi séant en son conseil.* C'est ainsi que, dans les tems d'es- -clavage, le trait de l'épigramme va percer l'homme à travers tous les prestiges de la grandeur ; tandis que, sous le règne de la liberté, la leçon est moins mordante, mais plus auguste. On ramenoit Louis XVI à Paris : à son passage, on mit un bandeau sur les yeux de la statue de Louis XV. On aime à saisir ces nuances du caractère du peuple. Tel est le sac, dont un porte-faix chargea les épaules de la statue de Louis XIV, au moment de son inauguration ; où le peuple, accablé d'impôts, voyoit avec indignation dépenser le fruit de ses pénibles travaux en frivoles embellissemens ; et le placard des habitans des faubourgs, le jour où Louis XVI fut ramené. « Quiconque, disoit le » placard, l'applaudira, sera bâtonné : quiconque » l'attaquera, sera pendu ». Qu'auroit dit de plus Solon ? (*)

C'est en arrivant à Paris par la place Louis XV, que cette ville se présente sous l'aspect le plus imposant. Vous en jugerez par le point de vue qu'on en a dessiné. A l'orient, elle confine au jardin des Tuileries, dont la grande allée laisse appercevoir le château en point d'optique. Au nord, elle est bordée par deux colonnades (14), belles, mais non pas sans défauts : elles sont séparées par cette rue Royale, si malheureusement fameuse par le funeste feu d'artifice tiré lors du mariage du roi régnant. Au couchant, elle se termine par les Champs-Elisées, promenade

______

(*) Législateur d'Athènes.

réelle, mais trop enchanteresse pour ne pas mériter un nom fabuleux. Coupée dans son immense longueur par une voie rivale de l'antique Appienne, l'œil qui la suit la laisse enfin échapper dans la vaste étendue de l'empire Français. Au midi, la Seine roule à ses pieds son onde pacifique, et s'écoule lentement sous les arches modernes d'un pont qui, le premier de la France, a la gloire de n'avoir jamais été foulé par le pied d'un esclave. Telle est cette place, dont notre voyage ne vous offrira désormais le pendant qu'à Montpellier.

En traversant la Seine, et descendant sa rive gauche, on rencontre ce Champ-de-Mars, illustré par le serment de la nation Française. L'arc de triomphe, l'autel de la patrie, les gradins de ce cirque immense, tout, vous le savez, n'avoit été que provisoire. Ainsi, rien n'y retrace le souvenir de la pompe de cette cérémonie auguste, que la majesté du ciel, qui lui servoit de dais.

En tournant ensuite Paris par les boulevarts du midi, et les suivant presque jusqu'à leur extrémité orientale, on rencontre le dernier asyle des hommes immortels, dont nous vous envoyons une vue. Le frontispice annonce sa destination. On y lit (15) : *Aux grands Hommes, la patrie reconnoissante.* La houlette de Nanterre a cédé ses droits sur ce temple aux bienfaiteurs de l'humanité. Mirabeau, Voltaire, les premiers ont monté les degrés du Panthéon. La nation les a récompensés en souveraine : et son hommage leur a payé, moins les vertus qu'ils eurent, que les vertus qu'elle leur doit. Rien de ce qui survécut aux

âges , ni la grossière pesanteur des pyramides égyp-
tiennes , ni la majestueuse élégance des temples de
la Grèce , ni les augustes débris de la splendeur
Romaine , n'approchent de l'imposante masse du
Panthéon. Son dôme semble toucher aux nues ; sa
base presser les entrailles du monde. C'est Babel pour
la hauteur : c'est Délos pour l'immensité. A son aspect, la langue se glace, l'esprit se tait, l'imagination
s'éveille , trente siècles semblent écoulés , la France
n'est plus ; on croit lui survivre , et voir encore ce
portique debout , forcer les générations futures à se
prosterner devant le nom Français.

L'esprit public hâtoit , et l'assemblée constituante
décréta l'achévement de cet édifice, que Soufflot com-
mença, Soufflot que la mort a ravi à la gloire de le ter-
miner ; et au bonheur d'en voir l'emploi. Cet esprit
public ne se dément point ; et , quoique les partis se
soient plus ramifiés ; que les erreurs , en se dissémi-
nant , aient cru se glisser plus facilement parmi le
peuple , son opinion sur la liberté n'a pas plus varié
que sa haine pour l'ancien régime. Les clubs , amis
de la constitution, ne contribuent pas peu à l'affermir
dans sa marche. Les discussions politiques sont trop
étrangères au plan de cet ouvrage, pour nous livrer à
l'examen du plus ou moins de bien que ces clubs
font à la chose publique : mais l'observateur ne peut
s'empêcher de remarquer que, d'après les droits de
l'homme, toute assemblée étant permise, il a pu s'en
former de mues par des opinions opposées. Ce qui
est arrivé. Les seules amies de la constitution se sont
soutenues : leurs adversaires en accusent la tyrannie.

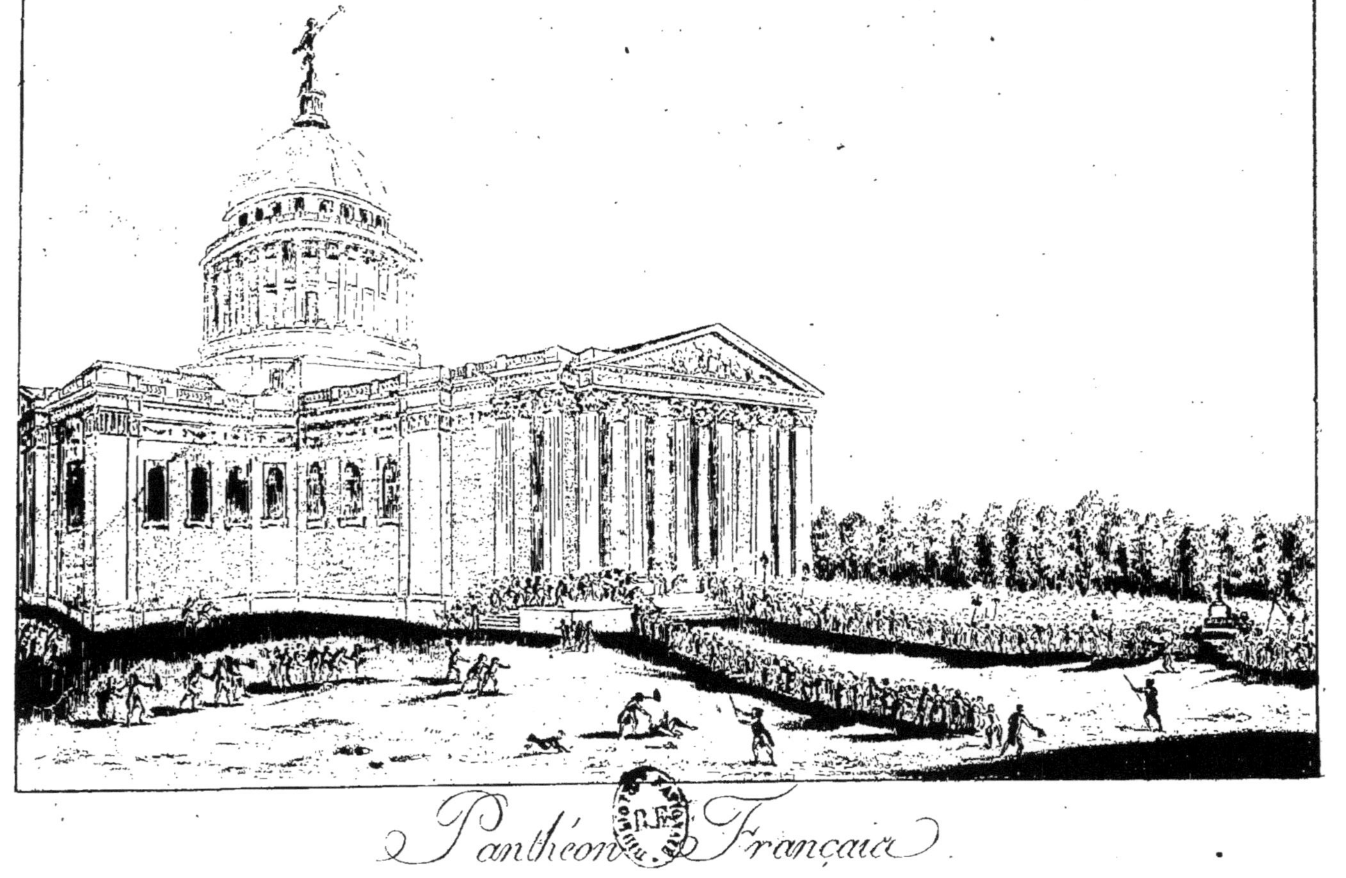

Panthéon Français.

des assemblées dominantes. Mais le philosophe im‑
passible ne raisonne pas ainsi, et se dit : si les clubs,
amis de la constitution, sont les seuls qui se soutien‑
nent, il faut donc que leur établissement soit essen‑
tiellement parti d'un principe de vérité : car la vérité
seule est incorruptible.

Vous, Monsieur, qui n'avez connu Paris que sous
l'ancien régime, vous seriez étonné de voir ce peuple,
si frivole jadis, si insouciant même pour tout ce qui
sembloit au-dessus de sa sphère, causer tumultueu‑
sement quelquefois, mais plus souvent gravement,
des travaux des législateurs ; leur applaudir ou les
improuver ; mettre son bonheur à la place de leur
éloquence, et poser le doigt sur la plaie, que l'art
oratoire n'avoit fait qu'effleurer. Ce n'est plus le mar‑
chand de *Despréaux* qui, le soir, *va revoir ses billets et*
compter son argent; c'est l'homme au courant des affaires
nationales, s'occupant à lire dans une feuille si les
représentans du peuple ont prononcé à son avantage.
C'est la marchande de noix, que le colporteur munit
en passant d'un *Journal du soir* ; et qui, à l'incertaine
lueur de sa chandelle, entourée de papier, va voir
si ses droits dans le jour n'ont pas été violés.

Ne croyez pas que les lumières et la philosophie
aient eu autant de part qu'on leur en accorde à la
révolution. C'est le peuple qui l'a faite, et avant elle
le peuple ne lisoit point, n'avoit point le tems de
lire. Helvétius, Mably, Franklin, Rousseau, lui
étoient inconnus : et si par hazard le nom de Voltaire
avoit frappé son oreille, les prêtres, qu'il voyoit
plus que les philosophes, se chargeoient des épithètes

Non : les causes de la révolution sont plus physiques que morales : insatiable cupidité d'un côté, extrême pénurie de l'autre, comment étoit-il possible qu'un éclat violent ne fût le dénouement d'une lutte semblable ? Et croyez moi, l'histoire du *fameux collier* fut le premier chapitre, où le peuple lut ce qu'il avoit à faire ; et non dans le Contrat social. Il ne s'est donc pas éclairé pour faire la révolution ; mais, au contraire, il a fait la révolution pour s'éclairer. La lecture habituelle des papiers publics lui fera sentir la nécessité des connoissances préliminaires. La crainte d'être trompé, le désir de s'assurer si on lui en impose, ou non, sur la véracité des principes, le fera remonter du travail de ses législateurs aux livres des philosophes, aux fastes de l'histoire, aux archives de l'antiquité : et les lumières ainsi, loin d'avoir été antécédentes à la révolution, en seront subséquentes. Vous voyez donc que c'est une grande erreur de supposer que la révolution a fait tort aux lettres, aux sciences et aux arts ; et que peut-être, quoiqu'ils paroissent secondaires aujourd'hui, le jour de leur splendeur ne fut jamais si proche.

Malheureusement les académies et les théâtres ne se prêtent pas assez à en accélérer le moment. Les uns et les autres regardent les arts comme anéantis, et trompés par ce préjugé, semblent coalisés en effet pour les ruiner. Les académies sont entachées d'un péché originel. Ce péché étoit le droit d'accorder à volonté des brevets d'esprit et de génie à qui bon leur sembloit. Les talens nés avec la révolution, mais non académiciens, ont prouvé l'abus de ce droit :

mais

mais aussi beaucoup de gens, présumant trop de leurs forces, se sont mêlés d'écrire, et ont mal écrit. C'est à ceux-ci que les académiciens se sont attachés, pour démontrer que la langue même étoit perdue; le néologisme, que des idées nouvelles, que des vérités hardies, non encore dites, ont nécessité, les a effarouchés. On est tout surpris de voir aujourd'hui des gens, ci-devant réputés philosophes, crier *tolle* contre la révolution; démentir les opinions d'égalité, d'humanité, de culte même, qui leur valurent jadis le sceptre des lettres; et ce, parce que le jour de l'égalité est venu, où l'on n'a plus besoin de leur attache, pour se faire un nom dans les lettres; et ce, parce que le quart-d'heure de l'humanité a sonné, et ne leur laisse plus le droit d'étouffer les talens qui pouvoient les rivaliser. On gémit de ce risible acharnement, dégradation réelle de la majesté du philosophe littérateur. Ceux qui sentent la dignité de leur état sont fâchés de voir que des écrivains se montrent égaux aux autres hommes, par les petitesses de l'esprit, et par les foiblesses du cœur; et ce que vous croiriez difficilement, c'est de leur propre corps que sortent les athlètes les plus animés à les terrasser.

D'un autre côté, les théâtres, soit par des ménagemens d'intérêt, soit par opinion individuelle, retardent la marche de l'esprit public, et refroidissent les talens dramatiques modernes, en ne consacrant leurs études qu'aux auteurs, dont la réputation étoit avouée sous l'ancien régime. Le préjugé, qui retranchoit les comédiens de la société, étoit injuste, insensé, atroce, barbare : mais ce préjugé existoit. Qui les en a délivrés ? Ce ne sont pas ceux dont ils flattent les foiblesses , en épargnant à leur oreille le mot de liberté. Ce ne sont pas les auteurs qu'ils festoyent, dont l'amour-propre sacrifieroit volontiers la révolution, s'il falloit à ce prix acheter la conservation des privilèges académiques : c'est le peuple , c'est vous, c'est moi qui les ont fait citoyens. Et c'est justement pour le peuple , pour vous , pour moi , qu'ils ne font rien.

Plusieurs théâtres se sont élevés depuis la révolution. Une des belles entreprises dans ce genre est le théâtre que la demoiselle Montansier et le sieur Neuville font construire maintenant sur le vaste emplacement qu'occupoit l'hôtel de Louvois. Il laissera loin de lui les théâtres si vantés de l'Italie. Les premiers sujets de l'Europe pour la tragédie, l'opéra, la pantomime, les peintres les plus célèbres , les décorations les plus riches donneront à cette entreprise une splendeur inconnue jusqu'ici, et lui vaudront sans doute un succès, que méritent l'intelligence et l'amabilité des directeurs.

Après celui-là, il n'en est que cinq qui vous sont inconnus , dignes de quelque attention. Celui du Marais , dont je ne sais trop pourquoi la salle est construite d'un goût gothique , et semble avoir mis l'autel de Thalie sous la voûte d'une cathédrale. Celui de Molière, rue S. Martin, petit, mais joli. Celui de Louvois , dont la coupe est assez noble. Celui du Vaudeville , au Panthéon, et celui de mademoiselle Montansier et M. Neuville, au Palais de l'Egalité, très-

suivi par les talens de différens genres, qui s'y trouvent réunis.

La saison approche, où les beaux jours vont dimi-
nuer la foule, qui se porte l'hiver aux spectacles, pour
meubler les promenades délicieuses dont les environs
de Paris sont embellis. Nous avons vu l'une des plus
fréquentées, *le bois de Boulogne*. Trois jours de la
semaine, *dite Sainte*, sont de mode pour parcourir
ce bois, époque bizarrement choisie, puisqu'il est
rare qu'alors il soit encore revêtu de la parure du
printems. Les choses ridicules ont souvent une origine
plus ridicule encore. Un frère Richard, cordelier, le
plus fameux improviseur de son tems, fraîchement
émoulu de la Terre-Sainte, s'avisa de parler contre le
luxe dans la petite église de Longchamp. Il tenoit tête
à son auditoire depuis cinq heures du matin jusqu'à
onze heures du soir. Tout Paris couroit l'entendre.
L'enthousiasme fut porté si loin, qu'en sortant de
l'un de ses sermons, les bons Parisiens allumèrent
des feux, et livrèrent aux flammes meubles, bijoux,
parures, tout enfin ce que le pieux sermonneur avoit
proscrit. Tels furent les premiers motifs des promenades de Longchamp, et le bon Richard ne s'atten-
doit guères qu'en tonnant contre le luxe, il en fon-
doit la fête.

Ce bois de Boulogne renferme le gothique château
de Madrid, que François I.er se plut à nommer ainsi,
à-peu-près comme Léon X affecta de faire sa première
entrée dans Rome sur le même cheval qu'il montoit,
quand il fut fait prisonnier à Ravenne. Peut-être les
hommes couronnés trouvent-ils de la gloire jusques

dans le souvenir de leur honte. Ce château est voisin de la Muette, petite maison royale de mauvais goût, et dont on ne se souvient, que parce qu'elle servit souvent de *halte* aux rois, en sortant de leur lit de justice. En quittant le bois de Boulogne, nous apperçûmes *Bagatelle* de M. d'Artois, que nous trouvâmes *quelque chose*. Quoi qu'il en soit, cette fausse bagatelle nous conduisit au puits miraculeux de Nanterre, que nous trouvâmes une véritable bagatelle.

S. Denis mérite un peu plus d'attention. Les contes de bonne femme, et la sépulture des rois ont mis et la ville et le saint en lumière. De petites chapelles, bâties de distance en distance sur la route de Paris à S. Denis, ont long-tems accrédité la superstition. C'est là, disoit-on, que ce saint, portant sa tête dans ses mains, se reposa de la fatigue de ce sacré fardeau. La vérité est qu'elles désignent les lieux où Philippe-le-Hardi et ses frères, portant à S. Denis les cendres de Louis IX, dit le Saint, leur père, se reposèrent.

Le philosophe se plaît, Monsieur, au milieu de cette vaste solitude, de ce silence éloquent qui régnent sur les tombeaux des rois. Quelle distance de l'orgueil du trône à l'humilité du cercueil! Mon pied foule les restes de celui dont le pied foula l'univers.

Là une observation n'échappe pas à l'homme libre : c'est que les plus malheureux, comme les plus méchans rois, sont justement ceux dont les mausolées sont les plus superbes. Nous demandâmes à l'ombre de Turenne si elle ne se trouveroit pas mieux logée au Panthéon qu'à S. Denis.

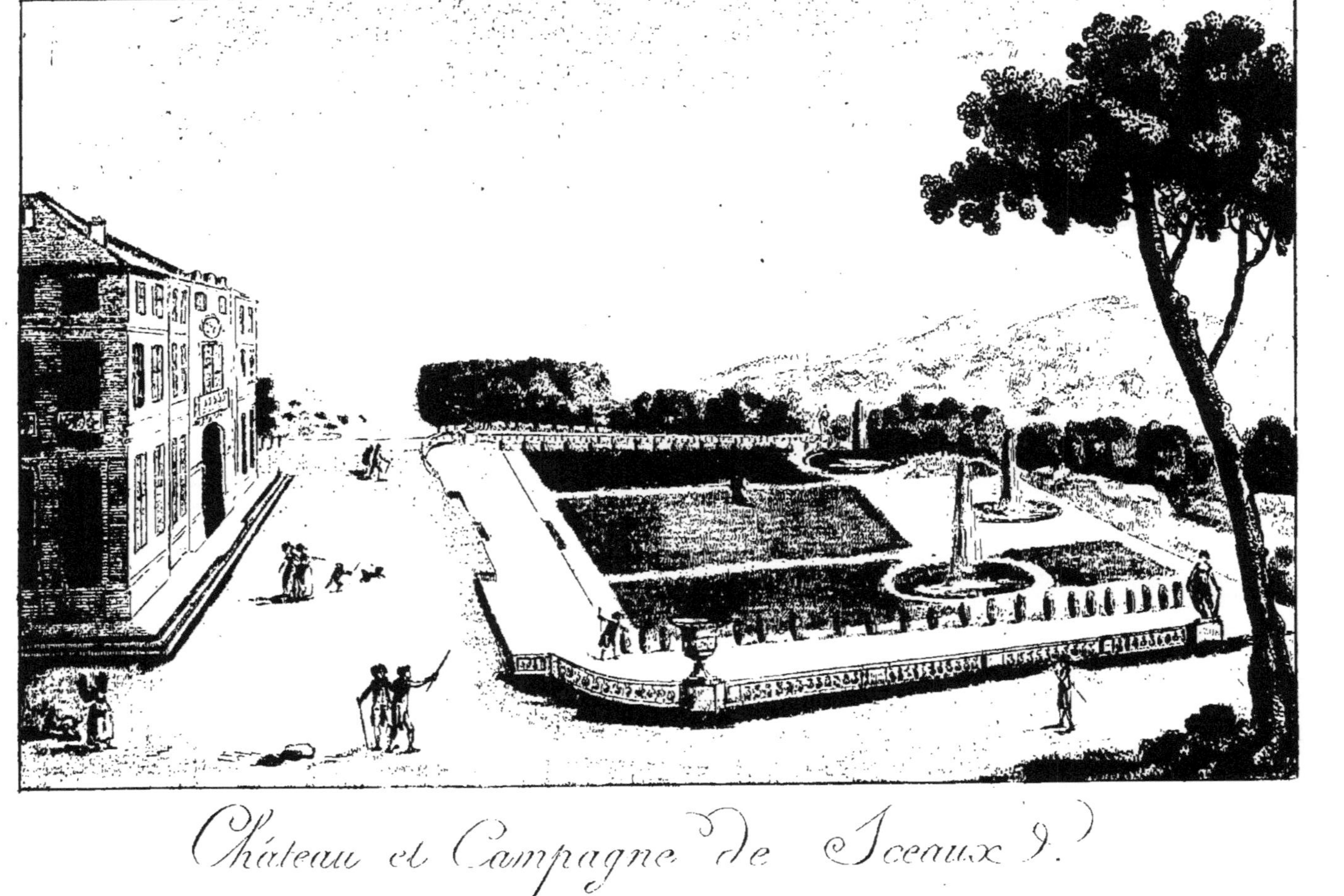

Château et Campagne de Sceaux 9.

Malgré ces ombre involontaire, que l'imposant en-
tourage de tant de morts fameux répand sur les idées,
nous ne pûmes nous empêcher de sourire à un diable,
revêtu d'un capuchon de moine , sculpté sur le tombeau de Dagobert, et cherchant , à la faveur du
masque , à séduire ce roi. Ce diable n'est point mal
sous cet habit : l'artiste avoit l'esprit grotesque ; car,
sur la même tombe , il a figuré un autre diable, qui
porte une grosse face. . . . Devinez où.

S. Denis est un chef-lieu de district , ainsi que le
Bourg-la-Reine , dont le site est agréable , mais où la
curiosité ne trouve rien à recueillir.

Il n'en est pas de même de Sceaux , village déli-
cieux , dont nous vous envoyons une vue. Qu'il étoit
aimable , ce duc du Maine , dont la douce philosophie répandit un charme sur ce séjour, que l'ame sent
et que l'esprit ne peint pas. Le duc d'Orléans lui dis-
putoit la régence , le parlement le dépouilloit des
bienfaits de Louis XIV. Que faisoit-il? il traduisoit
l'*Anti-Lucrèce*. Aussi sa spirituelle épouse lui disoit-elle
plaisamment : « Vous trouverez un beau matin , en
» vous éveillant, que vous êtes de l'académie, et que
» M. d'Orléans a la régence ». On aime à trouver
cette insouciance pour les grandeurs aux hommes de
ce rang. Après la mort du duc du Maine, Sceaux dut
son éclat à sa veuve, et vous lui devez votre attention,
parce qu'il charma les loisirs de plus d'un grand
homme, Lamotte, Fontenelle, Malezieu sur-tout,
Il est si doux de croire que quelques vertus philoso-
phiques ont été conçues dans les palais des grands :
cette idée forme un tel contraste avec l'immoralité

qui les habite souvent, qu'une sorte de joie et suave et paisible s'empare de vous, en se promenant dans les jardins de Sceaux, lorsque l'on songe que Voltaire s'y égara quelquefois.

En général, Monsieur, les campagnes de ce département sont belles, les plaines bien découvertes, et graces à l'art assez fertiles, car le terrein est naturellement sabloneux. On en a peut-être trop dérobé à l'agriculture pour des objets de simple agrément ; c'est une erreur, qu'à la longue le retour de la simplicité, du goût des vrais plaisirs de la nature et de la pureté des mœurs, réparera. Un jour viendra, où l'abondance des moissons, l'innocente richesse des troupeaux, la rurale gaîté des atteliers champêtres, deviendront les délassemens de l'ame, et non pas les fictions des poëtes. Un jour viendra, où l'homme sortira des villes assez pur pour sourire aux spectacles des champs. Il ne se cachera plus à la nature sous l'ombre pompeuse de ses monotones jardins, parce qu'il n'aura plus de plaisirs, que le soleil ne puisse éclairer : son génie, aggrandi par la candeur de sa vie, ne mettra plus le monde en miniature dans le cadre mesquin d'un jardin anglois. Mais cet âge d'or ne viendra que de la maturité de la liberté. Nous étions esclaves, maintenant nous sommes libres, nous deviendrons hommes, et nous finirons par être vertueux.

NOTES.

(1) Les hôpitaux y sont encore en mauvais ordre, mal-sains, mal entretenus, mal administrés.

Les prisons y sont de même, sombres, étroites, dé-goûtantes, infectes; et le feu vient de détruire la seule qui réunit quelques avantages. Enfin la mendicité se montre sous toutes les formes, et il n'y a point d'hospice pour la dérober à l'intempérie de l'air, dont ses haillons ne la garantissent pas. Ces établissemens de première nécessité sont difficiles à former, dans les premiers tems d'une révo-lution; mais il est digne de la souveraineté d'un grand peuple de ne pas les reporter à des époques trop éloignées. Ces malheureux sont nos frères, et font eux-mêmes partie de la nation.

Sous ce point de vue d'humanité, l'hospice, fondé par M. Beaujon, mérite l'attention du voyageur.

(2) C'est au Palais-de-l'Egalité que jaillirent les premières étincelles de la liberté.

(3) L'ancienne église de S. Louis du Louvre.

(4) Il seroit bien tems que le peuple recueillit le bénéfice de la suppression des entrées, et que l'on surveillât, entr'autres, les débitans des boissons, qui ne les lui four-nissent pas meilleures qu'autrefois, et dont le gain a ce-pendant doublé.

(5) Les pessimistes citent toujours l'ancienne police; mais sous l'ancienne on avoit à craindre comme aujour-d'hui les malfaiteurs, et de plus qu'aujourd'hui les crimes des espions même de cette ancienne police.

(6) Les accidens se renouvellent tous les jours, et l'on n'y réfléchit pas. Il est vrai qu'il y a cent écus d'amende pour le renversant; mais que fait au renversé, s'il a la jambe cassée, s'il est estropié, qu'il ne puisse plus gagner sa vie, celle de sa femme, de ses enfans, que M. tel, que mademoiselle une telle, paie cent écus. Dracon, Ly-curgue, Solon même, plus indigens qu'eux, n'en eussent pas tenu quitte à si bon marché l'homme dont le luxe ou la paresse eussent mis en danger les jours d'un citoyen.

(7) Ouvrage vraiment estimable, si l'on réfléchit sur-tout au tems où il fut écrit.

(8) Hydropisie de la tête,

(9) L'un des ministres de Néron.

(10) Charles V. Elle fut commencée le [illegible] finie en 1382, et renversée le 14 juillet 1789. Elle [illegible] existé 407 ans; Hugues Aubriot, qui en posa la pre- pierre, y fut aussi le premier enfermé; il étoit [illegible] et intendant des finances.

(11) et (12) Charles VI et Charles VII.

(13) *Vide*. Bastille dévoilée. Insurrection [illegible] Mémoires sur la Bastille. Antiquités nationales, [illegible] livraison.

(14) Un de ces bâtimens renferme le garde [illegible] la couronne, il fut forcé le 13 juillet 1789, à [illegible] heures du soir. On n'y prit que des armes. Les richesses furent respectées. Un pistolet d'or, de [illegible] fut même laissé entre les mains du commun [illegible] peuple, que l'on ose quelquefois calomnier.

(15) Le peuple sent bien la majesté de ses [illegible] Quatre hommes du Port-au-Blé (on appelle [illegible] ment ainsi les forts de la halle) s'entretenoient [illegible] dans un café. L'un d'eux trouvoit mauvais qu'[illegible] donné le bâton de maréchal de France à l'archevêque [illegible] chambeau. C'est, disoit-il, pour leur faire [illegible] peuple, qui ne donne rien. Qu'appelles-tu [illegible] autre. Le peuple ne donne rien! Tous les [illegible] voir exécutif vaudront-ils jamais un combat [illegible] Geneviève?

A PARIS, de l'Imprimerie du Cercle Social, rue du Théâtre François, N°. 4.